विवाह

मिथिलेश कुमार सिंह

क्रम-सूची

क्रम-सूची

परिचय

नाम - मिथिलेश कुमार सिंह
पिता का नाम - दयाशंकर सिंह
जन्मतिथि - अप्रैल, 1982
शैक्षिक योग्यता - एम. ए., बी.एड.
कार्यरत पद - सहायक अध्यापक,
प्राथमिक विद्यालय बसनी बड़ागाँव वाराणसी
स्थाई पता - ग्राम व पोस्ट यूसुफपुर (खड़बा)
जिला - गाजीपुर
पिनकोड - 233310
स्थानीय पता - भरलाई, शिवपुर वाराणसी
पिनकोड - 221003
मोबाइल नंबर - 9452709614

1

डॉ. दक्षा जोशी

दो सपन आज मिलकर एक हुए
एक ही आज दोनों रतन हो गए।
दो जगह जी रहीं एक ही ज़िन्दगी,
एक ही हार दोनों सुमन हो गए।
चाँद से चांदनी का मिलन है यहां,
दो मधुर कल्पनाओंका ऐक्य!
मोद का आज दिन हर्ष की रात है,
क्योंकि दोनों के पूरे सपन होगए।
बालपन की नदी के युगल तीर पै,
जो सजाए उमंग की तस्वीर थे।
दो किरण और दो हिरण की तरह,
एक ही ठौर चारों नयन हो गए।
आज गौरीश को है भवानी मिली,
या मिली इंद्र को उनकी शची।
स्वर्ग से देखकर दिव्यपाणिग्रहण,
है मगन हर्ष में देवगण हो गए!
कोई देवाटवी का प्रखर कल्पतरु,
सुरवाटिका की सुधरवल्लरी।
अनजान पथ के अनोखे पंथी,

एक ही सूत्र में हो स्वजन हो गए।
मुस्कुराती रहे भाग्य की वाटिका,
जब तक हो बीच मंदाकिनी।
युग्म बंधन तुम्हारे चिरंतन रहे,
जैसे रवि उषा के मिलन हो गए।
डॉ. दक्षा जोशी
अहमदाबाद, गुजरात

2

डॉ. कृष्णा जोशी

सर पे सजा के सेहरा,
हाथ में धरे कटार ।
सज धज कर दूल्हा चले,
घोड़ी में हो सवार ।।
पीछे चलें बराती हैं,
होकर सभी तैयार ।
खुशियाँ घर में छा रही,
खुश है सब परिवार ।।
खुश हैं माता और पिता,
खुश है मौसी माई ।
बड़े दिनो के बाद में,
सुख की घड़ी है आई ।।
दुल्हनियाँ लेने चले,
म.प्र. में भरे उमंग ।
रिश्ते नाते खूब हैं,
दूल्हे जी के संग ।।
लक्ष्मी बनकर आ रही,
आज बहू निज द्वार ।
शुभ मंगल की है घड़ी,

छाई खुशी अपार ।।
नव वधू का स्वागत करें,
गायें मंगल गीत ।
चलो मनाएँ प्रेम से,
आज सभी यह रीत ।।
डॉ. कृष्णा जोशी
इन्दौर मध्यप्रदेश

3

बिन्दु सिकन्द

विवाह का दिन आ गया है।
घर को खूब सजाया गया है।
आंगन में बाजे बज गए हैं।
घर में खुशियाँ छा गयी हैं।
मेहंदी जो रची हाथों में,
उसने मन को महकाया है।
सुंदर-सुंदर गहनों से,
सखियों ने सजाया है।
सखियों आओ नाचों,
और मंगल गीत गाओ।
हुल्ला गुल्ला शोर मचाओं।
विवाह का शुभदिन है आया।
दो अजनबी मिलकर करते,
है नवजीवन की शुरुआत।
विवाह के बंधन में बंध के,
कराते हैं दो परिवारों का मेल।
बंधते प्यार के बंधन में दोनों।
ऊपर वाला बनाता जोड़ियां।
जन्मो जन्मो का यह रिश्ता,

विश्वास और प्यार से निभता।

बिन्दु सिकन्द
नयी दिल्ली

4

सुषमा श्रीवास्तव

युगों-युगों से चला आ रहा विवाह-संस्कार,
महिमा मण्डित सामाजिक जीवन का चोला है।
हर धर्म, समुदाय व क्षेत्र विश्व पटल पर निभाता है।
भले ही तौर-तरीके अलग-अलग, मन्तव्य सबका एक है।
शारीरिक मिलन का ये जनादेश है।
पारिवारिक उत्तरदायित्वों को निभाने का संकल्प है।
समाज को आगे बढ़ाते रहने का सुघढ़ संकल्प है।
जीवन-पथ का अद्वितीय स्नेहिल मोड़ है।
संयम, सेवा त्याग, तपस्या के अभ्यास का आलय दे,
जीवन में सामंजस्य का पाठ पढ़ाता है।
उच्छृंखलता से विमुख मधुर बंधन की डगर है।
विवाह नहीं केवल दो जनों का मेल है।
विवाह दो कुलों/ परिवारों का सुवासित मेल है।
ऐसा ही अद्भुत सामाजिकता का विस्तार है।
कुल को वारिस दे आगे बढ़ते जाने का खेल है।
सुषमा श्रीवास्तव
रुद्रपुर, उत्तराखंड

5

अमिता मराठे

जीवन का आल्हादकारी क्षण
दो आत्माओं का आंतरिक मेल।
सात जन्मों से चला आया साथ
होते ही हार के खुशबूदार फूल।
चांद की शीतल चांदनी में लिप्त
हर्ष से जीवों के नयन होते चार।
परिणय उत्साह के अद्भुत क्षण
मौज मस्ती से भरपूर ऐसा जश्न।
पवित्र गृहस्थाश्रम की कल्पना
श्रृंगारित जीवन अप्रतिम वक्त।
सजे संवरे और सबको सजायें
प्रणय की रोचक अनुपम वेलाएं।
विकास की उम्मीदों की किरणें
शुभ कर्म की जीजीविषा मन मे।
विवाह कर्म के सूत्रों को समझें
संतुष्टता है सफल वहन करने में।
अमिता मराठे
इंदौर

6

रंजना बिनानी काव्या

पति-पत्नी दोनों एक गाड़ी के दो पहिए।
जिनके बिना नहीं चलती है गाड़ी।
पत्नी पति के, घर को सजाती,
विवाह के सातों, वचन निभाती।
कुल का तो है, वह मान बढ़ाती,
मामूली मकां को, घर वो बनाती।
आज की पत्नी, पति के बराबर,
कंधे से कंधा, मिलाकर है चलती।
शिक्षा में पति से कम है कहीं ना,
घर हो या ऑफिस कहीं भी है कम ना।
सुख - दुख दोनों साथ में बाटें,
दोनों ही मिलकर बच्चों को पाले।
दोनों ही ऑफिस साथ हैं जाते,
दोनों ही आकर मिलजुल के खाते।
कोई किसी से आज कम तो नहीं है,
पति हो या पत्नी रौशन दोनों हैं।
समझे नहीं जो पांव की जूती,
मुबारक है दोनों की सोच अनूठी।
दोनों ने अपनी है पहचान बनाई,

अपने समर्पण से है दुनिया सजाई।

रंजना बिनानी काव्या
गोलाघाट, असम

7

अनिता ईश्वरदयाल मंत्री

विवाह एक अटूट बंधन

विवाह दो परिवार का मिलन

विवाह जन्म जन्म का यह रिश्ता

विवाह दो अनजाने को एक सूत्र में बंधता

बिटिया होती फूल सी, ईश्वर का वरदान।

सही आयु में ही करो, उसका कन्यादान।।

उसका कन्यादान, कर्तव्य समझना भाई।

सोलह संस्कार मे, एक संस्कार विवाह भाई।

दो शिक्षा-ज्ञान, उसे ना समझो पराया।

अंत में रहें साथ, तुम्हारी प्यारी बिटिया।।

अनिता ईश्वरदयाल मंत्री

अमरावती

8

अर्चना वालिया

पिता ने अंतर्जातीय विवाह किया
तो गाँव ने हुक्का-पानी बंद किया।
ब्राह्मणत्व को खतरा हुआ और
संस्कारों का हनन हुआ था।
बेटे ने अंतर्राष्ट्रीय विवाह कर
प्रेम को हृदय से अपनाया है।
भेदभाव सारे भुलाकर उसने
संस्कृतियों का मेल कराया है।
समय परिवर्तनशील है, जो
तीव्रता से आगे बढ़ रहा है।
नये संस्कार जन्म ले रहे हैं,
तो जीर्ण-शीर्ण छूट रहे हैं।
हमें वसुधैव कुटुंबकम् की
भावना को मज़बूत करना है।
जाति, धर्म, प्रांत के भेद को
दूर कर मानवता को अपनाना है।
अर्चना वालिया
मुंबई

९

डॉ आनंदी सिंह रावत

विवाह दो परिवारों का बंधन होता है,
ना कि दो व्यक्ति विशेष का सिर्फ गठबंधन।
माना उनके सपने, और आंकाक्षा, अभिलाषा,
नई, ऊमंग, नई तरंग, लिए मन में आशा।
सदियों से प्रचलित रूढिवादिता को ढोते ढोते नारी,
बहुत ही पीड़ा और अन्यायपूर्ण व्यवस्था है फैल रही महामारी।
ये बंधन मुक्त दो दिलों के जुड़ने से हो
ना कि स्वार्थ और लालच से हो।
अन्यथा शोषण- पोषण के इस रिश्ते का नाम है शादी,
कहते जहाँ से करो शुरू-शुरू वहीं से होती बर्बादी।
दो सम्मान हर वक्त हर पल हर नारी
सेवा के बदले जिसकी उठाये आप जिम्मेदारी।
पति-पत्नी के बीच सिर्फ आदर सहयोग हो, ना हो दुनियादारी।
डॉ आनंदी सिंह रावत

10

डॉ. राम शरण सेठ

विश्वास का दूसरा नाम है।
विवाह।।
दो दिलों की मुलाकात।
का आधार है विवाह।।
दो परिवारों का आधार।
होता है विवाह।।
दो आत्माओं का।
पावन संगम है विवाह।।
पारिवारिक और सामाजिक।
दायित्व को निभाने का।।
एक मजबूत आधार है विवाह।
हम सबके साथ है विवाह।।
डॉ राम शरण सेठ
छटहाँ, मिर्जापुर, उत्तर प्रदेश

11

डॉ. जयप्रकाश तिवारी

सुनो! .एक बात और कहनी है...
अरे विवाह को नकारने वाली!
तथाकथित स्वातंत्र्य ध्वज वाहक!
तुझे पता भी है, क्या होता है –
यह पाणिग्रहण ? यह विवाह संस्कार ?
कोई खेल नहीं, यह महत्वपूर्ण संस्कार
स्रोत से जुड़ने का सामाजिक उपक्रम,
दाम्पत्य से होता प्रारम्भ यह क्रम,
जिस बिंदु से उपजे हैं हम सब
जिस सत्य से भटके हैं हम सब
उसी सत्य से जुड़ने को,
उसी तत्व को पाने को
उसी आनंद मे डूबने को,
अंश प्रवाहित अंशी ओर
संगीत प्रवाहित वंशी ओर,
चिति होकर चैतन्य जहाँ,
पुनः सब एक हो जाते हैं,
जो थे अब तक अपूर्ण –
अधूरे / संपूर्णता को पाते हैं,

यही है सिद्धांत, यही उपक्रम,
होता पूर्ण यहाँ, संस्कार का
यह वैवाहिक क्रम।
मैं इस संस्कार और परम्पराओं
की उर्वरता से आश्वस्त,
मंत्रमुग्ध निहारता रहा
अमूर्त सपने कोढूँढता रहा
तेरे ही भीतर गहराई
मे डूबकर अपने को।
पर मुझे क्या पता था ?
कि सपद सच है - मोती
सीप मे ही होते परंतु
हर सीप मे तो नहीं होते,
जिसने चखी नहीं स्वाति की
एक भी बूंद वह दृष्टि कैसे
देख पाएगी संस्कारित सृष्टि ?
संस्कारों का अभाव ही तुझे नचा रहा...
तुझे यहाँ से वहाँ भटका रहा।
क्या हुआ यदि –
बंगला गाड़ी नहीं दे पाया तुझे
शिमला, मसूरी, शिलौंग, गोवा...
नहीं घुमा पाया तुझे
तुम्हारे रहने विचरण के लिए
आखिर क्यों छोटा पड़ गया
स्नेहिल मेरा यह विशाल हृदय ?
माना कि पैसे मे होती है शक्ति
लेकिन उतनी नहीं,
तूने समझी है जितनी,
मैं लाचारी का मारा,
बेकारी का मारा

कटौती कर-कर के दी
हर संभव सुविधा...
क्या याद है तुम्हें ?
कितने हर्षोल्लास से लाया था
उस दिनमंदिर से प्रसाद...
फूलों की वह माला
अपनी पहली-पहली छोटी
सी श्रम की कमाई से,
डिब्बा दिया माँ को और
तुम्हें दी थी वह माला,
माँ ने उसे था सिर से लगाया
तूने था उसे, उस खूंटी पर डाला,
शायद अपेक्षा थी तुम्हें
महंगे किसी आभूषण की
या चमकते मोतियों की माला की।
लेकिन तुम्हें शायद पता नहीं है
मैं भी तैयार करता रहा था देने की
उपहार मे तुझे एक 'विशिष्ट माला'
हाँ! अमूर्त सी मोतियों की माला
जिसका सुमेरु है –
मर्यादा पुरुषोत्तम-सा _
'एक पत्नीव्रत'
जिसे गढ़ पाया हूँ अथक श्रम से
संस्कार, परंपरा और अध्यात्म से
गूँथा है उसे अरमानों के धागों से,
डरता हूँ... कहीं तोड़ न डालो तुम
उसे अपने ही नासमझ हाथों से।
सोचता हूँ- आज इंसान
और प्याज मे जो गहरा नाता
है वह भोले-भाले इंसान को

देर मे समझ आता है,
खुशहाल-घरौंदे, अटूट-बंधन
जब जाते दरक
बाजी जब जाती है हाथ से सरक
तब जाकर होश ठिकाने आता है।
पड़ताल करके भी क्या करोगे अब ?
था जिसपर बहुत भरोसा
उसी का नाम बार-बार आता है ।
तथापि संस्कारों मे पला बढ़ा
मैं परम्परावादी कैसे नकार
दूँ अपना दायित्व ?
मुझे तो निभाना ही है उतरदायित्व,
और तुम प्रगतिवादी जहाँ
स्नेह-प्रेम भावनात्मक नहीं,
वैभवात्मक होता
ऐश्वर्य मे अपनी जगह ढूँढता
इसको ही प्रगति-पुरुषार्थ कहता।
परंपरा मे अंकुरित होता
'प्रेम' विवाहोपरांत
अतएव चिरायु होता...
दीर्घायु होता जन्म-जन्मांतर तक
अंतर देखो न! स्वयं ही तुम
जा चुकी, मैं बुलाने की सोच रहा,
तुली हो तुम नकारने पर,
मैं फिर भी स्वीकारने की सोच रहा ॥
सोचता हूँ-
क्या मेरे पास विवेक नहीं,
संवेदना, साहस और शक्ति नहीं ?
कहा जाता है - परंपरागत मे
स्त्री सुरक्षित अधिक थी, स्वतंत्र कम

आधुनिकता के चोले मे,
वही स्त्री, स्वतंत्र अधिक है,
और... अब तुम!
मेरी प्रिया भी, अद्र्धांगिनी भी,
मान-मर्यादा भी, सबकुछ एक साथ
तेरी चाहत है – सितारों को पाना
अपने पंखो से गगन मे उड़ना
प्रिये! कौन समझाये तुम्हें ?
जिस वैभव, ऐश्वर्य के
पीछे तू भाग रही
वही तो तुझे बंधन मे डाल
रहा छेद रहा अंगों को,
बाहर-भीतर से मन को भी
करके भ्रमित अब यह तेरा
नारीत्व सिंहासन छीन रहा
जिसपर था तुझे अभिमान
बहुत वह तेरा मातृत्व
सिंहासन छीन रहा,
तेरी चाहत है – तारों को
पाना अपनी पंखो से
अन्तरिक्ष को लांघना उड़ो,
मगर श्रेष्ठता की खोज मे उड़ो
अंबर के कोने – कोने तक उड़ो
यह स्वतन्त्रता तुम्हारी, अधिकार
तुम्हारा किन्तु जोश मे होश भी रहे,
ऐसा न हो 'संपाती' बन जा औंधे
मुँह गिरके, दो दाने को तरस जा ।
गगन चूमना जोश है, बुराई नहीं
तारों की चाह उमंग है बुराई नहीं
बुराई वांछित तैयारी के अभाव मे है।

आवेश मे संपाती बनने मे है
सफलता 'हनुमत संस्कार' पाने मे है।
तू आ जा, शुभकामनायें ले जा,
प्रशिक्षण से झोली भर जा
परिवार - राष्ट्र का नाम उज्ज्वल कर जा,
मुँह न छिपा दुनिया से आधिकारिक
रूप से तलाक पत्र ले जा।
तुम यह न समझना उदास हूँ।
यह न समझो हताश हूँ, निराश हूँ।
मैं भी खुश हूँ क्योकि तू खुश है।।
डॉ. जयप्रकाश तिवारी
लखनऊ, उत्तर प्रदेश

12

अंजनी कुमार चतुर्वेदी

है विवाह सामाजिक बंधन,
बंधी प्रीत की डोर।
इससे प्यार उपजता इतना,
जिसका ओर ना छोर।
रस खोता है वहाँ - जहाँ पर,
कोई गाँठ पड़ जाती।
वैवाहिक हर गाँठ हमेशा,
रस ही रस बरसाती।
कोई भी बंधन मानव को,
कभी रास ना आता।
वैवाहिक बंधन में बँधकर,
मन ही मन मुस्काता।
मन का मन से मिलन अनोखा,
बीज नया बोता है।
हो जाते दो बदन एक जब,
नया सृजन होता है।
अंजनी कुमार चतुर्वेदी
श्रीकांत निवाड़ी

13

डॉ वैंडी जैस

विवाह जीवन का सुनहरा पल होता है।
इसमें दो दिलों का प्यारा संगम होता है।
कोई अनजान अजनबी जीवन में आता है।
दिल की नगरी में वह पहचान बनाता है।
प्रेमी साथ चलकर नया आशियां बनाते हैं।
जिंदगी में हर पल एक दूजे का साथ देते हैं।
दो अजनबी ज़िन्दगी की नई शुरुवात कर,
अपने सपने सँवारते और बटोरते जाते हैं।
विवाह जिम्मेदारी भरा नाता होता है।
साजन संग प्रीत का रिश्ता होता है।
लड़ना-झगड़ना, मान- मनुहार और
जीवनसाथी का हर पल साथ होता है।
दो एहसासों का एक मिलन यह होता है।
दो राहगीरों का एक सफ़र यह कहलाता है।
विवाह केवल बंधन नहीं स्त्री और पुरुष का
सात जन्मों का यह प्यारा रिश्ता होता है।
विवाह खुशी का मधुर गीत होता है।
वर-वधू के प्यार का संगीत होता है।
विवाह की मंगल बेला में खुशियाँ आती हैं।

प्यार भरे एक मीठे रिश्ते की शुरुआत होती है।
डॉ वैंडी जैस
नयी दिल्ली

14

चंद्रकिरण अग्रवाल 'किरन'

आदिमानव था अव्यवस्थित।
भूख, प्यास, प्रेम से व्यथित।।
घूमता फिरता, तालाशता ।
किसी से भी न था वास्ता।।
धीरे से आने लगी सभ्यता।
एकाकी जीवन की सत्यता।।
संग-साथ विचार की उपज।
पूर्वजों को आने लगी समझ।।
बहुत चिंतन - मंथन के बाद।
ऐसी योजना जो हो निर्बाध।।
बुझाई भूख - प्यास की आह।
जगने लगी मिलन की चाह।।
भाँति - भाँति के सूझे रास्ते।
सर्वोत्तम जीवन के वास्ते।।
सृष्टि सृजन हेतु नर व नारी।
साथ में रखने की लाचारी।।
बनाया विवाह का सिद्धांत।

सिद्ध हुआ सार्थक नितान्त।।
विवाह जीने का सुचारु रूप।
परिवार होता, पूर्ण स्वरूप।।
लाता समाज में हरियाली।
देता दुनिया को खुशहाली।।
विवाह विश्व में है सर्वमान्य।
यह व्यवस्था लाए धनधान्य।।
चंद्रकिरण अग्रवाल 'किरन'
हरदोई, उत्तर प्रदेश।

15

रवेन्द्र पाल सिंह
'रसिक'

जीवन के सफर में छोड़ना
न एक दूजे का साथ।
यह बंधन है पुनीत अग्नि को
साक्षी मानकर थामा है हाथ।।
घर को मिल-जुलकर
बनाना खुशबू का चमन।
एक दूजे को करना समर्पित
प्यार का अकूत धन।।
राह चाहे कठिन हो मगर
धैर्य और विश्वास न खोना।
जीवन में आयें मुश्किलें भी
साथ हँसना अधीर न होना।।
विवाह के बंधन की डोर को
मत होने देना कमजोर।
पीढ़ियों तक जले चिराग
जीवन में रहे उज्जवल भोर।।
रवेन्द्र पाल सिंह 'रसिक'

मथुरा (उत्तरप्रदेश)

16

डॉ. चन्द्रकला भागीरथी

ये विवाह का बंधन
दो दिलों के प्यार का
जन्मों - जन्मों का संबंध
ये सुखी संसार का।।
सात फेरो से बंधा
ये प्यार की डोर से
सात वचनों में बंधा
ये हर एक ओर से।।
दोनों कुलो की लाज निभाती
ये सुंदर बहु बनी नारी
माता-पिता के प्यार की रक्षा
ये सास ससुर की बनी दुलारी।।
सारे घर का काम संवारती
अपने पति की बहु प्यारी
अपने बड़ों का आदर सत्कार करती
सास कहे मेरी बहु हैं इतनी प्यारी।।
जैसे जैसे समय बदलता है

परिस्थितियां भी बदल जाती
कभी बहु सास पर भारी
कभी सास बहु पर पर पडे भारी।।
कोई सा भी बंधन हो
रिश्ते निभते हैं प्यार से।
प्यार में ऐसी शक्ति
जो रिश्ते चले संभाल के।।
डॉ. चन्द्रकला भागीरथी
धामपुर, जिला - बिजनौर,
उतर प्रदेश

17
मालती देवी

नारी है, प्यारी है ,
हर घर की उजियारी है।।
मायके में ए बेटी थी,
कई नामों से पुकारी जाती।।
विवाह से पहले बेटी थी,
हुआ विवाह बहू कहलाए।
एक कुल में पैदा होकर,
दो कुल को बतलाई बेटी।
जैसे – जैसे समय बदलता,
हर परिस्थिति को बतलाती है।
नारी को तुम मत समेटो,
इनका विस्तृत होने दो।
दर्द, गम, डर जो भी है,
सब कुछ सहना जानती हैं।
परिवार का पोषण करके,
अन्नपूर्णा कहलाती हैं।
सम्मान करो अपमान नहीं
जग इन्हीं पर निर्भर है।।
मालती देवी

यूपीएस मेजा मडियाहू, जौनपुर

18

रामसाय श्रीवास "राम"

बड़ा प्यारा है यह बंधन,
जिसे हम व्याह कहते हैं।
इसी बंधन में बंधकर के,
नया परिवार बसते हैं।।
दिलों का है यही रिश्ता,
बड़े संयोग से मिलता।
निभाते प्रेम से इसको,
इसी से प्यार करते हैं।।
बड़ा प्यारा है यह बंधन,
जिसे हम व्याह कहते हैं।
मिलाती है दिलों को ये,
नहीं रहती कोई दूरी।
जीवन की ख्वाहिशें सारी,
यही करती सभी पूरी।।
यही संस्कार है अपना,
यही व्यवहार है अपना।
जिते इसके लिए हैं हम,

इसे आबाद करते हैं।।
बड़ा प्यारा है यह बंधन,
जिसे हम व्याह कहते हैं।।
जिसे अब तक न जाना था,
वही लगते बड़े प्यारे।
उसी को चाहता दिल है,
उसी पे आज दिल हारे।।
अजब है यह बड़ा रिश्ता,
बड़ी मुश्किल से है मिलता।
बनाता रब है ये जोड़ी,
इसे स्वीकार करते हैं।।
बड़ा प्यारा है यह बंधन,
जिसे हम ब्याह कहते हैं।।
रामसाय श्रीवास "राम"
किरारी बाराद्वार
(छत्तीसगढ़)

19

गीतांजलि वाष्र्णेय

सृष्टि से पहले न मानव था न जीव,
किसने जाना कैसे जन्म हो
मानव का किसने जानी प्रीत ?
कौन किससे प्रेम करे,
किसको बनाये मीत।।
था मुश्किल में ईश्वर,
समय रहा था बीत,
देख प्रकृति की मोहकता,
मन में जगाई प्रीत।
एक बनाई नार अलबेली,
एक प्यारा सा मीत,
प्रेम जगाया हृदय में
और बंधाई प्रीत।।
था अचंभित पौरुष भी
कैसे और किससे करे प्रीत,
तब विद्वजनों ने मिलकर
बनाई विवाह की रीत।
जो था आसक्त जिसपर
उसी से बंधन ये बंधा पवित्र,

एक दूजे के लिए बने
एक नार एक मीत,
सफल हुआ सृष्टि संचालन
और विवाह की रीत।।
गीतांजलि वार्ष्णेय

20

कु. नताशा कुशवाहा (नीति)

सुंदर साज सज्जा
सिंगार युक्त नारी
ब्याह वरण की बेला
कन्या पिता मन भारी
दहेज प्रथा ऐसी जैसे
पिता गले चली आरी
आज के भी युग में
कई वर व्यभिचारी
क्लेश हर पिता का
लिखती भारतीय नारी
नारी की खुशियों को
पिता होते बलिहारी
बेटी के मुख से हाल
लिखूं पूरा संभाल
पिता प्राण प्यारे हमरे
रखवाले ले लो सीख
देना नहीं कभी भी इन

भिखारियों को भीख
जिसके साथ घुटे दम
निकले बेटी की चीख
आज जो दहेज मांगते है
जीवन भर मर्यादा लगते है
आप श्री जन का दहेज
महीना भर खाते है
दहेज खतम हो गया तब
हाय हाय गाना गाते हैं
बेटी कहे हे मां पिता
क्या गारंटी लेते हो इसकी
महल हेतु, वर स्वरूप
इज्जत बिकाऊ है जिसकी
जीवन में खुद कमाऊ खाऊं
पर वर की बाली ना चढ़ जाऊं

कु. नताशा कुशवाहा (नीति)
जिला - मंडला, मध्य प्रदेश

21

डॉ. कृष्णा जोशी

सर पे सजा के सेहरा,
हाथ में धरे कटार ।
सज धज कर दूल्हा चले,
घोड़ी में हो सवार ।।
पीछे चलें बराती हैं,
होकर सभी तैयार ।
खुशियाँ घर में छा रही,
खुश है सब परिवार ।।
खुश हैं माता और पिता,
खुश है मौसी माई ।
बड़े दिनो के बाद में,
सुख की घड़ी है आई ।।
दुल्हनियाँ लेने चले,
म. प्र. में भरे उमंग ।
रिश्ते नाते खूब हैं,
दूल्हे जी के संग ।।
लक्ष्मी बनकर आ रही,
आज बहू निज द्वार ।
शुभ मंगल की है घड़ी,

छाई खुशी अपार ।।
नव वधू का स्वागत करें,
गायें मंगल गीत ।
चलो मनाएँ प्रेम से,
आज सभी यह रीत ।।
डॉ. कृष्णा जोशी
इन्दौर, मध्यप्रदेश

22

देवन्ती देवी चंद्रवंशी

मन ही मन आज हंसती है देवन्ती
मैं तो चली जाउंगी पिया के घर
पढ़ा लिखा, सुन्दर, हमारे लिए
बाबा लाए हैं ढूढ़कर वर।।
बहुत भाग्यशाली है पुत्री के पिता
द्वार पर आज सजन पधारे हैं।
मैं आज पुत्री का विवाह करूगा
सबसे उत्तम भाग्य हमारे हैं।।
शुभ घड़ी, शुभ विवाह की बेला है
मंडप सज गई है आंगन में।
समधी सजन बारात बैठ गए हैं
दूल्हा बैठे हैं मंडप के प्रांगण में।
हल्दी लगी,जोड़ा कलशा सजी
आम के पल्लवों से मंडप सजी।
घर सजी द्वार सजी, चारों ओर
शुभ विवाह की तोरण सजी।।
बैठ गई दुल्हन, दूल्हा भी बैठे
बैठ गए सब सकल समाज।।
पंडित सुमंगल मंत्र उच्चार रहें हैं

होने लगी कन्यादान की रिवाज।

देवन्ती देवी चंद्रवंशी

धनबाद, झारखंड

23

कवि शरद अजमेरा "वकील"

विवाह दो दिलों का मेल है ।
नहीं यह बच्चों का खेल है ।।
करते सब आपस में अर्पण ।
प्रेम बढ़ाता है उनका समर्पण ।।
जब दो दिल मिल जाते हैं ।
फूल दिलों के खिल जाते हैं ।।
गले पड़ जाती है जब वरमाला ।
दोनों ही हो जाते हैं निहाला ।।
बारातियों में शादी की उमंग ।
देखकर सब होते हैं दंग ।।
लाल लाल साड़ी है भारी ।
दुल्हन लगती है प्यारी ।।
दूल्हा पहन लेता है शेरवानी ।
और निखर उठती है जवानी ।।
जब करते हैं भारतीय वरण ।
संग रहें जब तक ना हो मरण ।।
पति होता घर का पालनहार ।

पत्नी संभालती है घर द्वार ।।
प्रेम में सारी हदें करते हैं पार ।
बेइंतहा करते हैं आपस में प्यार ।।
होती है आपस में मीठी तकरार ।
उससे भी बढ़ता रहता है प्यार ।।
कवि शरद अजमेरा "वकील"
भोपाल, मध्यप्रदेश

24

अमरनाथ सोनी "अमर"

दो कुल के परिवार प्रीत का,
यह अवसर पहचानो।
बेटी, बेटा के विवाह का,
यही बहाना मानो॥
आत्म-मिलन बेटी, बेटा का,
परिजन स्वयं कराते।
धूम-धाम से कर उराव को,
खुशियाँ सभी मनाते॥
दोनों-दल-दिल बंधन होता,
अपना सभी कहाते।
एक दूसरे के सुख-दुख मे,
अपना हाथ बटाते॥
नये सृजन का जरिया यह है,
बंशावली - बढ़ाते।
इसी सृजन के जरिए भारत,
का विकास करवाते॥
भारतीय सेना, अधिकारी,

बन कर रक्षा करते।
कुछ तो बन करके किसान भी,
देश-पेट को भरते।।
विधि वेत्ता, सरकार चलाना,
नए ढंग से करते।
मन दुःख हरण करते भी,
सुख के झोले भरते।।
रीति – रिवाज, सुलह की शादी,
हितकर सब दिन रहती।
मधुर बोल संबंध स्थापित,
सुख जीवन में भरती ।।
अमरनाथ सोनी "अमर"

25

नीता सिंह

विवाह दो परिवारों को
आपस में जोड़ता है
और विवाह दो दिलों का मिलन है
जीवनसाथी और जीवन भर का साथ
विवाह एक बहुत ही मजबूत बंधन है
इस नाजुक से रिश्ते को
आपसी समझ विश्वास और प्रेम
से निभाना पड़ता है
विवाह एक बहुत बड़ी जिम्मेदारी है
जिसमें हमें हर रिश्तो का मान रखना
पड़ता है।
जीवनसाथी का ख्याल परवाह और एक
दूसरे के प्रति समर्पण
तभी जीवन की गाड़ी आगे बढ़ती है
हर सुख दुख एक दूसरे से बांटना
यही खूबसूरत रिश्ते की पहचान है
विवाह के बाद जीवन में
सब कुछ बदल जाता है
जब हम विवाह के बंधन में

बंध जाते हैं तो हमें सब कुछ
स्वीकार करना पड़ता है
छोटी-छोटी बातों से
सात जन्मों के बंधन को
एक पल में ना तोड़े
आपसी समझ बूझ से
विवाह रूपी जीवन को
सुंदर बनाएं शुभ विवाह
नीता सिंह

26

आभा सिंह

इस रिश्ते का मोल
कौन लगाएगा कैसा
क्या होगा कोई बंधन
परिणय सूत्र के जैसा
मिल कर बन जाती दो
हस्ती की दुनिया एक जैसी
बने संसार स्वर्ग के जैसा
नींव रखी जाती है ऐसी
धूप छांव ओस शबनम
मिल कर सब सहेंगे
प्रियतम तेरे साथ बन फूल सी
खुशबू बिखेरेंगे
तेरी बाहों में सिमट कर
सुख का संसार बसाएंगे
जिंदगी के सफर में मिली थकन
तेरे कांधे पे सर रख कर मिटाएंगे
बहे चाहे कोई भी बयार
कोई मौसम नहीं तड़पाएगा
तेरे प्यार का बंधन

मेरे ख़्वाबों को लहराएगा
सुना कर अपनी व्यथा तुमसे
अपनी आंसुओं को बिखराएंगे
कर के तेरी सलामती
की दुआ सदा ही
युग युग तक तेरे नाम की
बिंदिया सजाएंगे
आभा सिंह
पूर्वी चंपारण, बिहार

27

ईश्वर साहू (आसरा)

दो आत्माओ का है पवित्र मिलन,
मन मे लिये भाव अपनापन।
सात जन्मों का ये प्यारा बंधन,
महके दिलो का ये चंदन।
पिया मिलन का संजोते सपने,
शादी करके पराये हो गए अपने।
शादी के ये पावन संस्कार,
वर लेते वधु के पालन पोषण का भार।
दहेज रूपी दानव का करो बहिष्कार,
दुल्हन ही दहेज करे इसे स्वीकार।
लोभ को छोड़िये मिले कोई उपहार,
शादी दिलो का बंधन है नही कोई व्यापार।
खत्म हुई अब पिया मिलन का इंतजार,
डोली उठी कंधो पर लेकर चले कहार।
चारो तरफ गूँजी ढोल शहनाई है,
पिया मिलन की अब रुत आई है।
हुआ पाणिग्रहण अब नही कोई चाह,
अटूट हो रिश्ते यही शुभ विवाह।
ईश्वर साहू (आसरा)

डोंगरगांव, छत्तीसगढ़

• 51 •

28

डॉ. छाया शर्मा

आत्माओं का दिल से है मिलन
विवाह का बंधन बन जाता ।
जीवनभर का है साथ जहाँ
त्रिलोक में विवाह कहलाता ।।
नयनों से जब नयन मिले
दिल नयनों की समझे भाषा ।
प्रेम बंधन यह अमिट बना
जन्मों का बंधन बन जाता ।।
एक दूजे का कर थाम चले
विश्वास की डोर बाँध चले ।
मात-पितु-गुरू आशीष लिये
जीवन में रिश्ते जोड़ चले ।।
प्रीत का बंधन पिया संग
नयनों में सपने पाल चले ।
कुलदीपक दे वंश वृद्धि
परिवार का मान बढ़ा चले ।।
भारतीय संस्कारों की शान
मान मर्यादा अपना है चले ।
यह अटूट वैवाहिक बंधन

सदा हँसता और मुस्कराता रहे ।।
डॉ. छाया शर्मा
अजमेर, राजस्थान

मिथिलेश कुमार सिंह

सदा हँसता और मुस्कराता रहे ।।
डॉ. छाया शर्मा
अजमेर, राजस्थान

29

डॉ. मंजु बडोला

सात फेरों का बंधन,
सात जन्मों तक साथ रहे।।
माथें की बिंदिया, चमकती
रहे साथ सिंदूरी लाल रहे।
भांवरो का पड़ना, जयमाल
की रश्म मेहंदी का हाथ रहे।
शहनाई की गूंज,
मचा रहा बैण्ड भी धुन।।
आओ मिलकर नाचे,
गाऐं खुशियों के गीत गाएं।।
ताई, बुआ "बन्ना बन्नी"के
शगुन गीत गा रही।।
घोड़ी चढ़े है दूल्हा – दुल्हन
की डोली से है विदाई।।
"सास भेंट" की है रश्म निराली
मिलती रहे सौगात।।
"कंगना-खोल" की परिपाटी
में होता है,हार,जीत।।
हल्दी की रश्म भी देती है,

भावना का संदेश।।
निभा रहे, दूल्हा, दुल्हन बनीं रहे
सीता, राम की जोड़ी।।
मिल रहा बड़े, बुजुर्ग का आशीष
बना रहे अचल सुहाग।।
डॉ. मंजु बडोला
नूपुर, ऋषिकेश, उत्तराखंड

30

बिन्दु सिकन्द

विवाह का दिन आ गया है।
घर को खूब सजाया गया है।
आंगन में बाजे बज गए हैं।
घर में खुशियां छा गयी हैं।
मेहंदी जो रची हाथों में,
उसने मन को महकाया है।
सुंदर-सुंदर गहनों से,
सखियों ने सजाया है।
सखियों आओ नाचों,
और मंगल गीत गाओ।
हुल्ला गुल्ला शोर मचाओं।
विवाह का शुभदिन है आया।
दो अजनबी मिलकर करते,
है नवजीवन की शुरुआत।
विवाह के बंधन में बंध के,
कराते हैं दो परिवारों का मेल।
बंधते प्यार के बंधन में दोनों।
ऊपर वाला बनाता जोड़ियां।
जन्मो जन्मो का यह रिश्ता,

विश्वास और प्यार से निभता।
बिन्दु सिकन्द
नयी दिल्ली

31

इंदु दीवान

हमारे हिंदू शास्त्र के
अनुसार सोलह संस्कार,
अथर्ववेद में है, इन
संस्कारों की महिमा अपार।
दो प्राणी एक राह, में,
कुछ इस तरह मिले,
सात जन्मों की आत्माओं
को संसार मिला।
पाणिग्रह दो आत्माओं
के मिलन का नाता,
दोनों के सुख-दुख का
साथ बनता है खाता।
यह बंधन नहीं है,
दो जिस्मों, शरीरों का,
साथ जीने का और वंश
बेल आगे बढ़ाने का
पनपता है, समाज के
रीति-रिवाजों से।
परवान चढ़ता है,

अपना अहंकार मिटाने से
विवाह एक यात्रा, दो
मुसाफिरों के साथ जीने की,
गंगा का, सागर में मिल,
गंगासागर बन जाने की ।
विवाह है, मैं त्याग कर,
हम की चदरिया ओढ़नें का,
एक प्राण बन, एक दूजे
पर न्योछावर हो जाने का।
इंदु दीवान

32

दिलीप कुमार शर्मा 'दीप'

मंगल गीत गाने लगे हैं,
मेहमान आने जाने लगे हैं।
सब मिल करने लगे वाह वाह
घर में हो रहा है विवाह।
हाथों में मेहंदी रचने लगी है,
द्वार शहनाई बजने लगी है।
बढ़ने लगी, आपस में चाह,
घर में हो रहा विवाह।
द्वारे वंदनवार सजे हैं,
ढोल ताशे घर बजे हैं
खुशी में बीता एक माह
घर में हो रहा है विवाह।
लो सुंदर सी दुल्हन आ गई है,
सबके मन को भा गई है।
जोट रही पिया की राह,
घर में हो गया विवाह।
धरती आकाश मिल रहे हैं,

नए प्रसून खिल रहे हैं।
बढ़ने लगी परवाह,
लो हो गया विवाह...
दिलीप कुमार शर्मा 'दीप'

33

रश्मि पांडेय शुभि

बजते हैं ढोल नगाड़े,
शादी का मौसम आया।
खुशियां दिलों में छाई,
हर जवां दिल हरषाया।
गौरी शंकर सी जोड़ी,
युग युग से सबने माना।
सियाराम, लक्ष्मी नारायण,
जोड़ियों को सबने जाना।
शादी का ये पावन बन्धन,
लगता है बहुत ही सुहाना।
जन्मों के बन्धन बंध गए,
मिलन का गायें तराना।
निश्छल प्रेम का बन्धन है ये,
विश्वास से खिलता आया।
श्रृंगार प्रेम में झूमे पल पल,
बड़े भाग्य से ये दिन आया।
दिलों का मेल है शादी,
कुल की बेल है शादी।
प्यारा अहसास है शादी,

जन्मों का साथ है शादी।
रिश्तों की मिठास है शादी,
परिवार का अरमान है शादी।
वंश बेल की वृद्धि है शादी,
हर घर की नींव है शादी।
शादी एक पावन बन्धन,
मिलकर हैं रिश्ते निभाना।
इक दूजे के रंग में रंग कर,
गृहस्थी की बगिया खिलाना।
रश्मि पांडेय शुभि
डिंडोरी, मध्यप्रदेश